AF298712

LA COMMUNE

DE

LA BRESSE EN VOSGES

Par M. A. FOURNIER

NANCY

IMPRIMERIE BERGER-LEVRAULT ET Cⁱᵉ

11, RUE JEAN-LAMOUR, 11

—

1886

LA COMMUNE

DE

LA BRESSE EN VOSGES

I

Le Hoheneck (alt. 1,366 m.), sommet le plus élevé du massif central des Vosges, est le point de départ d'un grand nombre de vallées qui se dirigent dans tous les sens.

C'est du Hoheneck que descendent les deux affluents principaux qui — avec la branche venue de Bussang — constituent la Moselle : la Vologne, la Moselotte.

La Vologne se dirige de l'est à l'ouest ; puis, dans les gorges de Kichompré, de Granges, s'infléchit vers le nord.

Les deux branches qui, à l'origine, constituent la Moselotte, s'écoulent au fond de deux vallées qui prennent la direction nord-sud, formant ainsi un angle droit avec la Vologne.

Ces deux vallées, colline du Chajoux et colline des

Feignes-sous-Vologne, présentent — celle du Chajoux surtout — de remarquables traces de la période glaciaire, qui, jadis, avait pour ainsi dire recouvert toutes les Vosges centrales.

Les collines du Chajoux et des Feignes-sous-Vologne sont séparées l'une de l'autre par une arête montagneuse d'une altitude moyenne de 1,000 à 1,100 mètres et qui se termine brusquement au-dessus de la Bresse, au point où les deux vallées se réunissent ; cette arête porte le nom de Moyenmont.

Le côté *Est* (rive gauche) des Feignes-sous-Vologne est formé par la chaîne principale des Vosges ; le côté *Ouest* (rive droite) du Chajoux est limité par un massif montagneux qui le sépare de Gérardmer d'abord, de la vallée de Rochesson ensuite.

En haut de la colline du Chajoux, se trouve un ancien lac, à peu près comblé de tourbe : le lac Lispach.

Trois autres lacs écoulent leurs eaux dans la colline des Feignes-sous-Vologne ; deux, Blanchemer et le Corbeau, forment de ravissants sites ; le troisième, lac Marchet, est, comme Lispach, envahi totalement par la tourbe.

On pourrait trouver au moins singulières ces appellations de lacs données à de minuscules pièces d'eau ; étang conviendrait mieux sans doute. Mais dans cette région de Gérardmer, la Bresse, on emploie, pour désigner une pièce d'eau, un nom bien autrement prétentieux ; celui de *mer* : Gérard-*mer*, Longe-*mer*, Retourne-*mer*, Blanche-*mer* ; Marchet n'est qu'une transformation de *mer*-sèche, *mer* chesse (exactement comme on dit *chesser* pour *sécher*).

Il y a en plus, un étang desséché qui porte le nom de *Sèche-Mer*. On le voit, dans le vieux langage, une *mer* était une pièce d'eau.

Aussi bien, toutes ces vieilles appellations, qui malheureusement tendent à disparaître, sont bien curieuses et parfois bien expressives :

Une *colline* constitue l'ensemble d'une vallée, flancs et fond ; en général, on applique ce mot à une vallée habitée, et on le retrouve un peu dans toutes les Vosges.

Une *basse* est un lieu profond, encaissé, boisé, souvent humide ; Grande-*Basse*, la *Basse*-la-Mine.

Un petit ruisseau prend le nom de *Goutte;* Creuse-*Goutte*, *Goutte* de Sèche-Mer, *Goutte* de Blanchemer, etc.

Feigne est un petit marécage ; on le retrouve dans toutes les Vosges, ayant le même sens ; il est appliqué à un petit marécage sous bois.

Il y a un nom qui revient souvent dans la région de Gérardmer et la Bresse, c'est le mot *Cercenée* et toutes ses transformations :

Les ducs donnaient des concessions de terrains plus ou moins boisées ; le bois n'ayant aucune valeur, on ne se donnait pas la peine de l'abattre, on le *cerçait,* on lui enlevait au pied son écorce pour le faire périr. De là les noms de *Cercée, Cercenée, Cerceneux, Surceneux...* donnés à ces concessions ; pour distinguer ces cercenées les unes des autres, on y ajoutait le nom du concessionnaire, du propriétaire: *Cercenée* Marion ; *Cercenée* du Capitaine, *Cercenée* Mougeot.....

A la jonction des deux collines des Feignes-sous-Vologne et du Chajoux, se trouve le village de la Bresse, ou plutôt le groupe central de la commune de la Bresse ;

car, comme toutes les localités de la montagne, la population est éparpillée sur une très grande surface. Celle-ci s'élève à 5,799 hectares, renferme les deux collines du Chajoux et des Feignes-sous-Vologne tout entières, la partie supérieure de la vallée de la Moselotte et s'étend des crêtes du Hoheneck à la Vieille-Montagne.

II

On ne possède aucune donnée certaine, dit M. Lepage [1], sur l'origine de la population de la Bresse : selon la tradition, une colonie venue d'Alsace au viiie siècle peupla ce joli coin des Vosges ; bien des siècles après, suivant une autre tradition, des Rustauds fuyant leur vainqueur, le duc Antoine, seraient venus se réfugier à la Bresse et en augmenter considérablement la population.

Ce qui est certain, c'est que la Bresse fut en partie incendiée par les Suédois, quatre-vingts maisons furent détruites [2]. A peine avait-elle relevé ses ruines, que la population fut décimée par la peste, puis molestée, ruinée, encore une fois, pendant les guerres de Louis XIV.

« La Bresse [3], disent les intéressantes archives de cette commune, tire son étymologie d'une fontaine située à la Grande-Basse, lieu de La Bresse, qui se sépare ou se di-

---

1. *Statistique du département des Vosges :* mot *La Bresse.*

2. *Archives de la Bresse,* GG, 2 — Le 8 septembre 1638, furent tués par les Suédois : Bastien Claudel, Demenge, Humbert, Arnould George, Arnould Jacques, Demenge, Lefèvre, Didier-Laurent, Amet et André. Soit dix habitants. L'incendie de la Bresse eut lieu en août 1635. — GG, 2.

3. L'*Inventaire sommaire des archives de la Bresse* a été publié en 1870 par M. L. Duhamel. — Voir FF, 35. *Archives de la Bresse.*

vise pour donner naissance à deux ruisseaux qui *embrassent* une montagne dite Moyenmont au pied de laquelle se trouve le village de la Bresse. »

Ainsi, le nom de cette petite ville dériverait du mot *Embrasse, L'embrasse*....

Dom Calmet fait venir ce nom du celtique *Brixia, Brexia,* bois, broussailles ; ou encore de *Brix,* brissa, rupture, brèche. Certes, l'hypothèse de Dom Calmet est plus scientifique ; mais comme M. Lepage, je préfère la première, d'autant qu'en aval de la Bresse, il y a deux îles formées — *embrassées* — par les eaux de la Moselotte qui portent le nom de *Bresse.*

C'est dans les archives de la Bresse que se trouve l'original de la coutume si curieuse, si intéressante pour l'histoire de notre ancien droit coutumier, qui a régi, jusqu'en 1789, cette commune.

Cette coutume, publiée au tome Ier des *Documents rares ou inédits de l'histoire des Vosges,* donnait à la Bresse le droit de rendre la justice [1].

Jusqu'à la fin du XVIe siècle, la coutume fut conservée et transmise de génération en génération par la mémoire des habitants ; ce n'est qu'en l'année 1595 qu'elle fut « rédigée en escrit », afin d'obtenir de Charles III, duc de Lorraine, « lettres d'homologation », ce qui fut fait le 26 février 1603.

Au décès de Nicolas de Hattstatt (1585), la moitié de la Bresse fit retour au duc de Lorraine [2] ; quelques années après (1593), G. de Savigny vendit au même duc,

---

1. Cette coutume est aussi insérée en entier dans l'*Inventaire des archives de la Bresse,* AA, 1.

2. *Statistique du département des Vosges :* mot *La Bresse.*

pour neuf mille francs barrois, l'autre moitié. C'est à ce moment que le duc, devenu propriétaire de la terre et seigneurie de la Bresse, fit mettre « en escrit » la coutume.

Celle-ci fut successivement approuvée par les ducs Charles IV (1661), Léopold (1699), François III (1730) et enfin par le roi Stanislas (1749).

Pendant l'occupation française, sous le règne de Louis XIV, elle fut également reconnue à diverses reprises, par des arrêts du Parlement de Metz, par une décision du Conseil d'État du Grand-Roi.

Plus d'une fois, les officiers des ducs de Lorraine, du roi Louis XIV, cherchèrent à enlever leurs privilèges aux habitants de la Bresse.

Après l'incendie allumé par les Suédois, le prévôt d'Arches s'empara du droit de justice ; Charles IV, la Cour souveraine de Lorraine, restituèrent aux habitants leurs privilèges ; le Parlement de Metz [1], le Conseil d'État de Versailles [2], ordonnèrent également aux officiers français l'observation de la coutume.

A partir du règne de Léopold, les *Bressaux* jouirent sans contestation de leurs privilèges jusqu'à la Révolution.

La justice était rendue par le maire et huit jurés ; il y

---

1. Arrêts du Parlement de Metz : 9 juillet 1686 et 3 juillet 1687, maintenant les habitants de la Bresse dans leur droit de rendre la justice, créer maire, etc.....

2. Pouvoir donné par la communauté de la Bresse au curé Sommier d'offrir cinq ou six cents livres pour être maintenue à perpétuité dans son droit de rendre la justice, etc. (AA, 1. *Archives.*)

Copie d'un arrêté du Conseil d'État du Roi séant à Versailles qui, moyennant 500 livres, maintient à la Bresse le droit d'élire son maire suivant la forme accoutumée. — *Archives.* — AA, 1.

avait, de plus, un doyen qui remplissait les fonctions d'huissier, et un lieutenant du maire qui représentait le ministère public; tous les ans, au mois de mars, on élisait ces « officiers de justice » au plaid qui se tenait, sous la présidence de deux délégués du duc, sur le Champtel (*Champthil, Chantel*).

La veille de la réunion, le « mayour » (maire) assemblait sur le Champtel tous les habitants « ad ce d'ouyr les rapportz de tout ce que pendante l'année s'estant passée devant luy, il doibt au lendemain, à la tenue générale du dict plaid représenter par devant les dicts officiers » (représentants du duc).

Il commence par s'adresser aux jurés, au doyen, au lieutenant, leur fait lire son rapport, leur demande s'il n'a rien « obmis », leurs observations et enfin leur approbation.

Alors se retournant vers les habitants, il en fait l'appel, « par noms ét surnoms, et passer l'un après l'autre, afin de recongnoistre ceulx qui n'ont comparu, pour, s'ilz ne sont suffisamment exoniez (excusés), être mulctez en amende de cinq solz au profit de la communaulté... »[1].

Cela fait, le mayour « faict commandement d'ouyr ses rapportz que pour se, il faict lire haultement »; puis il demande si rien n'est oublié, si tout est bien conforme à la vérité; il rappelle aux habitants que leur silence sera puni de cinq francs d'amende, si, plus tard, l'un d'eux s'avisait de signaler une omission et les « réadjourne

---

1. *Archives de la Bresse,* AA, 1. Tout ce qui va suivre et qui a trait à l'élection des « officiers de justice », se trouve dans le même cahier AA, 1.

pour se retrouver au lendemain et y tenir le plaid bannal comme de coustume ».

Le lendemain, sous la présidence du receveur et du contrôleur de la prévôté d'Arches, représentant tous deux le duc de Lorraine, avait lieu le plaid :

Les officiers du duc, assis, ordonnent aux habitants de s'approcher ; « ledit mayour demande auxdicts officiers un procureur et quelque vieil maire de son conseil pour rendre ses rapportz, et luy estans octroyé ledit conseil, au retour d'iceluy, il presante ses dicts rapportz qu'il offre soubstenir pas serement, proteste néanmoins que si il y avait quelque obmission, la rapporter dedans l'an et jour, venant icelle à sa congnoissance. Lesdicts rapportz receuz et leuz de rechef avec solennitez accoutumées, est proceddé à la création de nouveaux officiers de justice, aux fins de quoy sont lesdicts habitans commandés par lesdicts receveur et controlleur de faire élection de trois d'entre eulx pour estre maire et sy de ces trois ilz n'en trouvent qui soit pour ce capable, ils leur ordonne d'en nommer aultres trois, et sy encore ces trois nommez à une seconde fois ne leur aggréent, leur ordonnent, pour une troisième, la nomination d'aultres trois, faisans avec les précédentz le nombre de neuf, desquels trois lorz ils choisissent et nomment un pour porter ledit office de mayeur... »

« Quant au doyen, l'élection aussy faicte de trois par les habitans, en est choysi l'un par lesdicts officiers, et ces deux officiers ainsy nommez, y est donné à chacun, une petite bûche de bois, puis leur serement en tel cas requis... »

Puis arrivait le tour des jurés : quatre étaient désignés par les officiers du duc ; les quatre autres par le peuple ; comme le maire et le doyen, la bûche de bois à la main, ils juraient ensemble, devant les saints Évangiles, de « faire bonne et brève justice et sans porter faveur à l'une ni à l'autre des parties et que toutes les causes qui viendront pardevant eux il les videront et jugeront sainement au plus près de leur conscience ».

Enfin, sur la demande du maire, les représentants du duc désignaient le lieutenant ; cela fait, ils « font banir (annoncer) le plaid par le doyen, de par Dieu et Son Altesse, comme l'on a accoutusmé » ; puis le maire leur donnait quatre gros appelés « les quatre gros du bled » et s'asseyait ainsi que les jurés sous les deux tilleuls qui se trouvaient au milieu de la place et ils commençaient à rendre « justice a cui la requiert ».

A leur tour les officiers ducaux vidaient les appels portés dans l'année écoulée — ils étaient rares — contre les jugements du tribunal local ; encaissaient les amendes « qui durant l'année se sont commises » et la séance était levée, le plaid relevé.

Alors, officiers de Son Altesse, anciens et nouveaux maires, jurés, doyens, lieutenants s'en allaient banqueter ensemble.

J'ai dit que le plaid se tenait sur le *Champtel*, aujourd'hui encore, il y a à la Bresse la place du *Champtel*, c'est-à-dire *Champ du Tilleul*[1]. Sous le règne de Léopold, un cordonnier de la Bresse, Laurent, avait obtenu

____

1. M. *Jouve* donne un autre sens à ce mot de Champtel : il le fait venir de Champ du Moté, Moutier ; ou champ, place de l'Église. (*Lorraine,* article *Vosges,* p. 247.) — Les vieux textes, et encore aujourd'hui, disent Champ-*Thil, Tel,* et jamais, ou presque jamais

l'autorisation de construire une maison sur cette place ; les Bressaux protestèrent : « De tout temps on rend la justice *verbalement* sur cette place, sous *deux gros tilleuls*, cette place n'est pas trop spacieuse, la construction de Laurent fera *mourir les tilleuls* et empêchera la circulation... »

Léopold fit droit à cette demande [1].

Ce tilleul, ce *tillot*, se retrouve dans nombre de localités des Vosges ; à Gérardmer, il est encore là, magnifique ; c'est lui qui a donné son nom à la petite ville du Thillot.

C'est sur le tilleul du Champtel, à la Bresse, qu'était attaché le carcan, signe de haute justice du lieu ; c'est sous ce *tillot* que le prévôt d'Arches vint, en 1585, prendre au nom du duc de Lorraine possession de la moitié de la terre et seigneurie de la Bresse.

C'était donc là aussi que, pendant la belle saison, se rendait la justice ; aux mauvais temps, le tribunal se réfugiait dans une grange, sous un auvent ; plus tard, à la fin du xviiie siècle, il eut une salle spéciale.

Tous les samedis, il y avait justice ordinaire ; « l'extraordinaire tous les jours pour les defforains, exceptés ez jours de dimanche et festes commandées de l'Église et la peult en avoir trois fois le jour ; toutes fois, ne peuvent lesdicts habitans l'un contre l'aultre se servir de la justice extraordinaire ».

A côté du maire se tenait le lieutenant ; derrière, le

Champ-*té*. Du reste, la présence du tilleul : *Tillot, Tiot, Tilla, Té* (*Patois lorrains* par Adam) sur la place suffit pour prouver la vérité de cette étymologie.

1. *Archives de la Bresse.* — DD, 4.

doyen, véritable huissier, chargé de « banir » (annoncer) le plaid, appeler les causes ; à droite, les jurés désignés par les officiers de la prévôté ; à gauche, ceux élus par le peuple[1] ; pas de table ; la justice se rendait verbalement, par conséquent pas de greffier ; elle était gratuite, les amendes revenaient au souverain, seuls les « banvards » percevaient quatre gros pour leurs rapports.

Il n'y avait point de prisons à la Bresse, on conduisait les condamnés dans celles de la prévôté d'Arches ; dès 1597, le duc Charles III avait autorisé les « maïeurs, manans habitans la Bresse de conduire à leurs frais dans les prisons du château d'Arches les appréhendés et délinquans de la Bresse méritant emprisonnement[2] ».

« Il n'est loisible à personne plaidant par-devant la dicte justice former ni chercher incident frivole et superflu, ains faut procéder au principal ou proposer autres fins pertinentes afin que la justice ne soit prolongée[3]....

« Celui qui plaide par-devant laditte justice et qui se met en droict, fault (avant que les jurés donnent sentence)

---

1. La cause entendue, le maire « commençait à recueillir les opinions, en demandant celle du juré qui se trouvait le plus près de lui, il avait soin d'alterner. Les jurés pouvaient connaître les avis de leurs collègues ; mais le public, tenu à une certaine distance, les ignorait toujours. »
Ni le maire, ni le lieutenant n'émettaient d'opinion ; « seulement, en cas de partage de voix, le doyen pouvait être admis à donner la sienne ». — (Lepage et Charton, *Statistique du département des Vosges.*)

2. *Archives de la Bresse.* — FF, 60.

3. Toutes ces citations et celles qui vont suivre se trouvent dans *Archives de la Bresse.* — AA, 1.

qu'il asseure le droict qu'est de consigner chacun des dictes parties mises en droict quatre gros entre les mains du maire : celui qui gagne le droict, retire ses quatre gros et les autres quatre gros demeurent entre les mains du dict maire et appartiennent à la justice et s'en faict un repas la veille ou le lendemain du plaid bannal avec les dicts officiers de Son Altesse, et s'il y a peu pour fournir audict repas, le reste se prandt sur les habitans du dict village....

« Les parties produisantz et exhibantz quelques lettres, titres et documentz en plaidantz leur cause, s'ils sont subjects de la dicte Bresse, ils doivent pour chacun titre quatre gros ; s'ils sont defforains huict gros..... »

Les appels des jugements sont portés devant les officiers ducaux à Arches ; mais ils doivent être « vuydés » à la Bresse et non « aultre part », le jour du plaid où l'on élit la justice ; si enfin, le justiciable n'était pas satisfait de la décision des officiers de la prévôté, il « pourra en appeler au buffet de Son Altesse en la chambre des comptes, dedans le delay....

« On ne peut appeler pour faict d'injures, pour dettes congnues, pour amendes merciées an ou il y a serement locqué, saulf la plaincte..... »

Quand il y avait descente et vue des lieux, ou qu'il fallait plaider à l'extraordinaire, celui qui perdait son procès donnait un repas aux officiers de justice « qui sont au nombre de onze ». Le prix de ce repas n'était pas limité et il y eut des abus. Le duc Léopold en fixa le prix à vingt sols par tête ; plus tard, sous le règne de Stanislas, on supprima ce repas et les vingt sous donnés aux juges : cela, « parce que le repas était trop frugal ou trop somptueux et indécent et gênant pour l'administration de la justice[1] ».

La juridiction des bois dépendant de la commune de la Bresse revenait, en première instance, au tribunal local ; de par leurs privilèges, les habitants ne reconnaissaient d'autres juges que leur maire et jurés, leurs bois ne relevaient d'aucune gruerie autre que celle du lieu[2].

Voleurs, vagabonds, mendiants, faux-sauniers, contre-bandiers, fraudeurs, délinquants de pêche, des forêts... comparaissaient devant ce tribunal :

« Dix francs d'amende à un cabaretier pour avoir éteint la chandelle lorsque les gardes entraient chez lui ; même amende à deux garçons du lieu qui buvaient audit cabaret.....

« Cinq francs d'amende à deux garçons qui causaient pendant les vêpres......

« Deux francs à un autre pour avoir débouché et lâché le cuveau d'eau bénite au bas de l'église.... »

Un habitant, pour se payer d'une dette de cent francs, voulut faire saisir la vache de Pierre Humbert, son débiteur ; celui-ci porta l'affaire devant le tribunal, invoquant une ordonnance ducale interdisant toute saisie de bétail, et présenta sa défense *par écrit;* le maire et gens de justice levèrent la séance, disant : « Humbert Pierre, suyvant nos droicts et coustumes, ainsi que sçavez, on ne plaide en ce lieu que verbalement et non par escrit. C'est pourquoi nous avons rejecté vos escritures sçachant bien, quand le temps viendra, ce qu'auront à faire[3]. »

1. *Archives de la Bresse.* — AA. 1.
2. *Archives de la Bresse.* — FF. 49.
3. *Archives de la Bresse.* — FF. 28.

Tout le monde connaît la mésaventure d'un avocat de Remiremont, Bexon, qui se permit devant le rustique tribunal de la Bresse une citation latine : le tribunal le condamna à cinq francs d'amende « pour s'être avisé de lui parler un idiome inconnu ». L'avocat, dit Dom Calmet, en appela à une juridiction supérieure. Ce fut en vain, la décision des juges de la Bresse fut maintenue.

Quoique jugeant au « plus près de leur conscience », les officiers de justice étaient parfois soupçonnés, insultés par leurs compatriotes.

Je trouve dans les archives (FF. 27) un « acte de réparation d'honneur par un habitant de la Bresse en faveur des gens de justice du lieu qu'il a traités de voleurs, fripons, au sortir de l'audience ; il déclare que les officiers de justice sont d'honnêtes gens, des juges très prudents, il leur demande pardon et donne un resal de seigle pour les pauvres du lieu. Pardon lui est accordé. »

Plus loin (FF. 48) : Requête des officiers de justice au lieutenant général du bailliage des Vosges, disant que Claude Abel cherche à ternir leur réputation et leur honneur, qu'il les traite de voleurs et de gens rendant la justice par vindication...... Claude Abel rétracte ses injures et déclare qu'il tient les officiers de justice de la Bresse pour gens de bien et d'honneur......

Un délinquant poursuivi pour délit forestier est condamné à cinq francs d'amende « pour avoir eu l'audace de comparaître devant la justice avec irrévérence et sans respect...... »

Parfois il y avait des procès très importants : Paul D., menuisier, avait fabriqué une fausse empreinte du marteau gruerial de la Bresse. Ce faux marteau fut

trouvé au domicile de Paul D., avec « une pièce de bois
du contour du marteau de la gruerie de la Bresse et
des aiguilles de toile de faux avec lesquelles on aurait
pu faire les lettres, croix et autres marques du vrai marteau ». Le maire et son lieutenant vérifièrent « les tocs
où ont été coupés les bois », mais ils ne purent recon-
naître la fausse marque, la place étant hachée. Le lieutenant du maire, faisant, en cette qualité, les fonctions
de partie publique, ordonna l'arrestation du faussaire ;
il sera « conduit sous bonne garde dans les prisons cri-
minelles de Remiremont, aucune prison n'existant en la
justice de ladite Bresse ». Paul D. avait pris la fuite :
« Le doyen en la justice de la Bresse, assisté de deux
cordonniers du lieu.... a assigné Paul D. à cris publics,
à son de trompe, dans tous les carrefours.... où il l'a
appelé à haute voix..... » Le même doyen se rendit au
domicile de l'accusé, questionna sa femme, saisit ses
biens et meubles. Paul D. fut condamné par la justice
de la Bresse à trois années de *bannissement des terres
et seigneurie de la Bresse,* « avec injonction de garder
son ban sous les peines de droit, le condamnant en
outre à dix livres d'amende envers le roi, en cent livres
de dommages et intérêts envers la communauté de la
Bresse..... » (1786-1787)[1].

---

1. *Archives de la Bresse.* — FF. 50.

Dans les mêmes archives, FF. 59, je trouve un fragment de procès
fort intéressant : une ordonnance de Léopold prescrivait aux filles et
veuves enceintes d'aller faire déclaration de leur grossesse devant le
maire : J. Claudel, marcaire à la Bresse, avait une fille placée comme
domestique. Elle devint enceinte. Le père s'en alla trouver le « médecin de Thann avec de l'eau de fille, lequel médecin lui déclara la maladie de sa fille. » Malgré cette déclaration d'un médecin qui avait, à

III

Aucun des produits de la Bresse ne pouvait être
vendu au dehors ; de là un avilissement énorme dans la
valeur de ces produits, et des tentatives de fraude que
de nombreuses poursuites ne parvenaient pas à réprimer :

Procès-verbal contre un *officier de justice* qui « a conduit et trafiqué du poisson hors de la communauté ».

« Soixante francs d'amende et soixante francs de dommages et intérêts pour avoir vendu un demi-cent de
planches à des étrangers ;.....trente francs d'amende et
autant de dommages et intérêts infligés à deux habitants
de Vagney pour avoir conduit nuitamment chacun une
voiture de planches hors de la gruerie et communauté
de la Bresse.... »

Le tribunal était très sévère dans cette répression ; le
plus souvent l'amende et les dommages et intérêts
étaient de beaucoup supérieurs à la valeur des objets que
l'on cherchait à exporter :

« Sentence qui condamne une veuve de Cornimont à
trente francs d'amende pour avoir conduit *huit planches*
de la Bresse à Cornimont. Ces planches sont mises en

---

40 kilomètres, diagnostiqué la grossesse de la fille Claudel à la simple
vue « d'eau de fille » ; le père ne se conforma à l'arrêté ducal que trois
semaines après, sans doute après certitude absolue, et fut condamné
à 250 fr. d'amende et à un resal de blé pour les pauvres ! La justice
de la Bresse ayant pleine confiance dans l'affirmation du médecin de
Thann. Claudel en appela à la prévôté d'Arches, qui moins confiante
dans le diagnostic à distance du médecin de Thann, déféra le serment
à Claudel afin qu'il affirme « qu'il a retiré sa fille aussitôt qu'il en a su
la grossesse ».

vente et achetées par la même veuve pour la somme de *deux livres, huit sous, trois deniers.....*

« Sentence de la même gruerie qui condamne un habitant de Vagney à trente gros d'amende et autant de dommages et intérêts et un habitant de la Bresse à cinq francs d'amende et autant de dommages et intérêts, le premier pour avoir acheté, le second pour avoir vendu *le derrière d'un chariot, les ventes au dehors de la communauté, par les habitants de la Bresse étant défendues ;* la même sentence ordonne la vente du derrière du chariot ; il est acheté par le même habitant de Vagney pour la somme de *trois livres* au profit du roi....

« Jean-Nicolas Corizot, notaire royal à la Bresse, expose aux maire et gens de justice de la Bresse qu'il y a eu un grand incendie à Remiremont en 1741, que son gendre et son associé des domaines du roi en ont été victimes ; il demande auxdits de la Bresse une charité de trois cents planches, dont deux cents pour son gendre et cent pour son associé, sachant bien, lui Corizot, qu'il n'est pas permis d'en vendre, ni trafiquer hors de la paroisse, auquel usage il ne prétend pas déroger, se soumettant à telles peine et amende qu'il plaira aux gens de justice le condamner s'il donne à ses planches une autre destination ».....

L'exploitation des carrières de granit, si prospère aujourd'hui dans la vallée de la Moselotte, était inconnue à cette époque ; ce n'est qu'en 1776 que M. Patudeshautchamp créa, à la Mouline, près Ramonchamp, la première entreprise de ce genre.

Les habitants de la Bresse voulant agrandir leur église et la paver, demandèrent (1735) au souverain, l'autorisation d'aller chercher dans les montagnes voisines les blocs de grès nécessaires à cet agrandissement : « la nature leur ayant refusé le bénéfice d'avoir des carrières »....

Ils échangèrent des pavés contre des planches :

« Il a été toute la journée (22 mars 1775), sur la place publique dudit lieu, procédé au traité concernant un échange de planches de la commune contre des pierres pour paver l'église de la Bresse, auquel pavage un habitant de Remiremont, Étienne Serrier, a été admis moyennant la quantité de 3,490 planches. Ces planches ont été réparties sur tous les habitants [1] ..... »

---

1. Cette prohibition n'existait pas pour l'Alsace. Nous verrons plus loin que les relations commerciales étaient très grandes avec l'Alsace — l'Allemagne, comme disaient les Bressaux. — A la vérité, les bois ne pouvaient aller en Alsace, le transport en eût été impossible.

L'absence de chemins d'exploitation des forêts, l'impossibilité du reste d'écouler en bois, en dehors de la consommation locale, avaient mis les forêts de la Bresse dans un état déplorable.

Voir *Archives de la Bresse.* — FF. 43.

L'absence de carrière dont il est parlé vise la *pierre de taille.*

On ne se servait du granit que comme moellon.

Certains sommets voisins de la Bresse (le haut du Roc, par exemple) sont couronnés de grès vosgien. C'est ce grès que l'on exploitait, il est probable que c'est au haut du Roc que la Bresse alla chercher sa pierre de taille. — Voir *Archives DD.* 10.

En l'an X, par ordre du ministère de l'intérieur, le préfet des Vosges Desgouttes, publia une statistique du département des Vosges : La « manufacture de granit » établie par M. Patudeshautchamp, commençait à se développer quand éclata la Révolution. Elle végétait à l'époque où fut faite la statistique des Vosges ; à ce moment-là elle était occupée à achever le pavé du Panthéon et « espère travailler pour la colonne nationale ». Le préfet Desgouttes appelait toute la sollicitude du Gouvernement sur cet établissement : « Les beaux granits et autres pierres dures, qui offrent beaucoup de variétés dans les Vosges, le rendent susceptible d'être porté à un haut degré de prospérité. » — *Statistique du département des Vosges,* par le citoyen Desgouttes, préfet — an X, p. 83.

IV

La paroisse de la Bresse dépendait du doyenné de Remiremont, et de l'évêché de Toul. L'abbesse de Remiremont nommait à la cure ; la totalité des menues dîmes revenait au curé ;« il n'y avait pas, dit le Pouillé du Diocèse de Toul, de grosses dîmes à cause de la stérilité du terrain ; le curé a de plus ce qu'on appelle dans cette paroisse les bleds de Pâques »....

Ces blés de Pâques appelés *Tremezou* sont « une espèce de seigle sarrazin, laquelle dîme se paie au dixième[1] ».

En l'année 1563, il y avait eu accord au sujet de ces revenus de la cure, entre le curé et les habitants. Acte de cette convention avait été passé par-devant Claude Devaux, tabellion à Bruyères (2 octobre 1563) :

Chaque paroissien devait tous les ans au curé :

Une « charée de bois raisonnable et le curé tenu de leur donner pour chaque charée deux pains de seigle de la valeur d'un blan......»

Quatre bons deniers d'Allemagne pour un poulain mâle......

Pour un veau, un balai......

Sur dix cochons de lait, un......

---

1. Bleds de Pâques, — parce qu'ils étaient semés à cette époque.
On dit « faire les carêmes » pour les semailles qui se font à cette saison. Le tremezou était évidemment du seigle et du sarrasin. Le blé ne pousse pas à la Bresse. Aujourd'hui on n'y cultive plus le sarrasin. — *Archives de la Bresse.* — FF. 35.

Une gerbe de blé (?), sur dix si « c'est sur un champ d'héritage, sur onze si c'est terrain communal....... »

Pour dix pintes de *Brizieu* (miel), une [1] .....;

Chaque feu doit au curé une corvée, soit en carême, soit à Pâques ; une corvée à la Saint-Jean pour faucher ses prés....;

On doit lui garder son bétail ;

Le bouverot représentait un revenu de 1,399 livres ; l'amodiation des dîmes montait à 1,000 livres ;

Les pois, fèves, navettes, avoine, lentilles, sarrasin, millet, « se disment au dixième ».....;

Le chanvre et le lin étaient au dixième aussi, mais sans la semence ; c'est-à-dire le « chenevis et la linouse » (graine de lin).....;

Plus tard, les corvées furent remplacées par une redevance d'un fromage ; cette redevance s'appelait les « renoms ».....;

A la confession pascale, chaque habitant donnait un pain de beurre [2] ......

Plus d'une fois, les habitants de la Bresse eurent maille à partir avec leurs curés ; avec un surtout, George Aubert.

Celui-ci passa toute sa vie à plaider avec ses paroissiens ; il en était venu à se faire justice lui-même :

« Le 15 octobre 1778, George Aubert, curé de la Bresse, envoya trois particuliers de ladite Bresse, chez Antoine Humbert, marchand aubergiste, lui demander un fromage et une voiture de bois, avec ordre de prendre et d'enlever des meubles si on refusait le fromage

---

1. *Archives de la Bresse.* — FF. 35.

2. Voir le long détail de ces droits dans *Archives de la Bresse.* — FF. 35.

et la voiture de bois ; le suppliant étant absent, sa femme répondit qu'elle n'en voulait pas donner ; alors ces trois particuliers, exécutant les ordres du curé, prirent et enlevèrent une couverture d'indienne piquée [1]...»

On comprend l'émotion que produisit à la Bresse un pareil procédé, et ce n'était pas sans raison que les officiers de justice pouvaient dire de leur curé : « Il est soutenu dans ses prétentions par une troupe de cabaleurs et chicaneurs comme lui.....»

Dans le courant du xviie siècle, un notaire — un tabellion — avait été installé à la Bresse. Celui-ci chercha à se soustraire à toutes charges, tailles et impositions. De là un procès qui dura deux années (1664-1666) :

« Noel Remy, tabellion, disaient les habitants de la Bresse, refuse de payer sa part dans les charges communales,..... il n'est qu'un brouillon, un tracassier, un partisan des mauvaises affaires, un plaideur, un menteur, ils n'emploient plus son ministère depuis qu'ils connaissent le pèlerin [2] !..... »

De son côté, Noël Remy assurait que « les rôles des charges communales sont faits confusément, dans lesquels rôles on porte toutes sortes de charges pour frauder le suppliant, qui est âgé de près de quatre-vingts ans et chargé d'un fils âgé de quarante-cinq ans, extrêmement affligé d'un sort depuis l'âge de cinq ans. Il demande que les rôles soient faits séparément et lui soient communiqués... »

---

1. *Archives de la Bresse.* — FF. 35.
2. *Archives de la Bresse.* — FF. 29.

On finit par s'entendre : Noël Remy devait payer « 18 gros par cent francs qui se lèveront à la Bresse ».

Il en est un surtout qui dut exaspérer « la justice de la Bresse » ; ce fut Claude Abel :

Pendant 22 années, ce ne fut que procès, chicanes de toutes sortes.

La communauté de la Bresse fait un arrangement avec les marcaires alsaciens au sujet des deux chaumes de Rothenbach, le droit de pâturage sera réciproque : Abel s'y oppose, « ses bestiaux ne pouvant manger après ceux d'Alsace, à cause de certaines racines que les Alsaciens donnent à leurs bêtes »....... (1728). A force d'intrigues, Abel obtient du duc de Lorraine, un accensement de cent arpents de pâturages aux Feignes-sous-Vologne ; la commune proteste, prétend que la bonne foi du souverain a été surprise, et voilà un procès qui dure treize années ! Pendant le cours de ce procès, George Courtois, avocat à Remiremont, s'était rendu à la Bresse pour affaires personnelles, il est aussitôt requis, raconte-t-il, par les maire et gens de justice du lieu, de leur prêter son ministère dans une affaire qu'ils avaient avec Claude Abel au sujet d'un accensement ; il y consent. Il dresse des actes d'opposition, et n'a pas été seulement remercié ; « au contraire, il est accusé de partialité par Jean Corizot, tabellion audit lieu, qui exploite les pauvres villageois, les épaule, fait le pédagogue, le prophète, l'oracle... » Il réclame trente francs pour ses honoraires, on les lui refuse ; il fait saisir le maire.....

Cependant, la commune gagne son procès, et la Cour souveraine annule l'accensement ; mais comme Abel a fait des frais, elle condamne la communauté à les lui rembourser. Refus de payer, nouveau procès ; le maire condamné refuse encore de payer ; on le saisit..... (1721-1734).

De 1720 à 1729, Abel plaide pour une question d'irrigation.

Pendant trois autres années (1739-1742), il reparaît devant les tribunaux pour une scierie [1].....

Entre temps, il insulte la justice de la Bresse, est obligé de faire des excuses..... (1739).

Aussi bien, la justice de la Bresse était bien dans le vrai quand elle disait : « Claude Abel est un chicaneur, un ennemi de la paix..... »

Un pauvre, Claude Demenge, réclame à son profit, l'application du décret de Madame Régente au sujet des pauvres. Enquête est ordonnée. Voici la réponse des « maire, lieutenant, jurés, habitants et communauté de la Bresse : Ledit Demenge est comme un échappé d'Espagne qui, le poignard d'une main et le chapelet de l'autre, implore le secours des personnes charitables ou plutôt les force de les répandre, et en lui donnant sept livres de pain par semaine et deux sous six deniers d'argent, c'est lui accorder plus qu'il ne mérite..... » (1735) [2]. Ce qui fut fait.

V.

Pendant des siècles, la Bresse n'eut, pour ainsi dire, de relations qu'avec l'Alsace ; les échanges étaient très

---

1. *Archives de la Bresse.* — FF. 44 — FF. 45 — FF. 46 — FF. 47.
2. *Archives de la Bresse.* — GG. 22.

actifs avec la vallée de Munster et Colmar. La Bresse expédiait des fromages, du bétail, et ramenait du blé, du vin surtout ; tout se faisait à dos de chevaux, il se formait de véritables caravanes ; ce n'était pas un voyage facile cependant : il fallait, un instant, remonter la vallée des Feignes-sous-Vologne, monter au lac Marchet, gravir les pentes qui conduisaient à la Chaume des deux Rothenbach, franchir la crête des Vosges au col du même nom, et descendre vers l'Alsace en contournant les flancs escarpés du Rothenbach. Ce chemin, suivi si longtemps par les Bressaux, porte encore le nom de *Chemin des Marchands*. En été, tout allait bien ; mais en hiver, il fallait se risquer sur les hauts pâturages, sur les flancs rocheux du mont Rothenbach, la Roche d'Angoisse, comme on l'avait appelée, à juste titre, hélas ! et plus d'une fois des voyageurs périrent là, de froid ou accablés par les neiges[1].

---

1. Le col du Rothenbach était limité par deux sommets élevés, le Reinkopf (alt. 1,319 m.) et le Rothenbach (alt. 1240 m.).

Le col lui-même est à 1,150 mètres d'élévation.

Tout l'espace qui s'étendait d'un sommet à l'autre constituait un vaste pâturage — une chaume — qui fut longtemps l'objet de contestations entre les marcaires alsaciens et les habitants de la Bresse. On finit par faire un partage.

Il y avait au col une excellente fontaine qui existe encore aujourd'hui. C'était un lieu de halte, et quand on était en brouille, on se saisissait mutuellement bestiaux, chevaux quand ils passaient les limites respectives de chacune des chaumes. D'autres fois, c'étaient les fermiers de ces pâturages qui défendaient aux voyageurs de laisser manger leurs bêtes.

« Bail de la chaume de Rothenbach, territoire de la Bresse, au profit de Gaspard Flueler de Kruth...... Il s'oblige de laisser tous les marchands de la Bresse coucher et vain-pâturer leurs chevaux sur ladite chaume en allant et en revenant d'Alsace sans aucune indemnité. » 1733. — FF. 40, *Archives de la Bresse.*

Aujourd'hui le *chemin des Marchands* est dans le plus mauvais

« Le 23 novembre 1661, furent enterrés, Remy Melchior Laurent, George Mathias, Pierrat et Sébastien Guerre, qui, transis de froid et de vents, la nuit du 21 au 22 novembre, furent trouvés morts, le dernier d'eux au bas de la montagne, et les deux autres un peu plus avant que la Roche d'Angoisse, tous revenant de Solzmatt (Soultzmatt)..... et le 24 suivant, par le même malheur, fut aussi enterré Gœury qui, nonobstant toute diligence, ne put être retrouvé avec les précédents.....

état, des routes forestières mieux tracées l'ont rendu inutile. Sur le versant alsacien, il présente de très fortes pentes; incontestablement à l'époque dont je parle, ce chemin devait être en meilleur état, peut-être était-il entretenu.

La question des chaumes ou pâturages revient fréquemment dans les archives de la Bresse, les habitants « étaient tous marcaires et leur fortune consiste dans des troupeaux de vaches qu'ils envoient vain-pâturer.... »; aussi combien de procès, soit avec leurs voisins de Vagney, Xoulce, Gérardmer, et surtout avec les Alsaciens qui pendant des siècles exploitèrent exclusivement tous les hauts pâturages vosgiens, aussi bien sur leur versant que le versant lorrain; soit entre eux.

Voici un de ces procès: Humbert, boucher à la Bresse, envoya des moutons sur le parcours commun; réclamation des habitants de la Bresse qui font observer « que la fiente et l'urine des moutons causent aux vaches une maladie que l'on appelle les barbes ou barbillons, que par conséquent les habitants ont intérêt à ce que l'on n'envoie pas de moutons sur le parcours qui de temps immémorial a été interdit aux moutons sur les terres communales..... » Le bailliage de Remiremont donna raison aux habitants de la Bresse et condamna le boucher Humbert.

Le procès-verbal du bangard avait constaté que ce boucher envoyait *quatre* moutons seulement au pâturage !

Il y eut appel au Parlement à Nancy. Les maires de Bussang, Vagney, Saint-Amé, Cornimont, Ventron et Saulxures, prirent fait et cause pour la Bresse, et tous délivrèrent des certificats déclarant « qu'on ne met aucuns moutons sur le parcours dans leurs paroisses... » Le Parlement de Nancy acquitta le boucher, annula les sentences et rapports, et la communauté de la Bresse dut payer tous les frais. — *Archives de la Bresse.* — FF. 44 (1770-1776).

« L'an mil sept cent, le 12 novembre, est décédé Joseph Clément, âgé de 17 ans, sur les hautes Chaumes, lequel en allant en Allemagne (Alsace) avec son père et plusieurs autres, fut suffoqué de l'orage et du froid....

« Le 29 octobre 1667, il arriva tel orage à la Chaume que nos gens revenant d'Allemagne y pensèrent périr, trois chevaux y demeurèrent morts..... »

La sécurité laissait aussi à désirer et ce n'était pas sans raison que ces voyages se faisaient en caravane :

« Le 2 juin 1676, fut tué à Rotembach, proche la fontaine, Nicolas Paul de Gérardmer, demeurant à la Poussière, et ce, par trois voleurs, d'un coup de fusil[1].... »

La construction d'excellentes routes, qui ont mis la Bresse en communication facile avec tous les centres importants de la région, ont complètement fait cesser ces relations.

Aujourd'hui, le « Chemin des Marchands » n'est plus fréquenté que par des touristes, tous les ans plus nombreux, qui viennent visiter, admirer ce joli pays.

L'industrie des fromages existe toujours, mais nombre d'usines sont venues utiliser les forces naturelles hydrau-

---

1. « Le 6 mai 1673 arriva ici oncle Jean le Comte, parti de Saint-Maurice pour s'en aller à Gérardmer, lequel fut assassiné au Haut-de-la-Poussière et caché sous des branches d'arbres par l'espace de huit jours et jusqu'à tant que ses parents étant en peine de lui le retrouvèrent seulement.... ayant la gorge coupée et percée de plusieurs coups de couteau...

« La nuit du 23 au 24 octobre 1669, jour que Nicolas Valentin, maire, fit son festin, les larrons ont rompu la fenêtre et barreau proche l'autel Notre-Dame et étant entrés dedans ont volé l'église.. ...., etc.

« La nuit du 10 au 11 avril 1667, on rompit la fenêtre près l'autel de la Vierge et on déroba les linges.... et probablement furent des pauvres de France... »

Archives de la Bresse. — GG. 2.

liques de la Moselotte et de ses affluents. Les vallées du Chajoux, des Feignes-sous-Vologne, de la Moselotte, sont remplies de scieries, tissages, filatures, où une bonne portion de la population trouve un travail assuré.

Qu'il semble loin, le temps où Pierre Derel, dans une requête au roi Louis XV, exposait que « les bois de la Bresse n'ont aucuns débouchés, que quantité gisent et périssent sur place, qu'une verrerie et quelques scieries à la Bresse procureraient du secours aux habitants malheureux, que la Bresse est un pays presque inhabité et que sa verrerie en augmenterait la population..... » (1768-1770)[1].

Les Bressaux n'entendirent pas de cette oreille, ils protestèrent, et dans un mémoire au roi, ils concluaient en disant : « ... Les habitants de la Bresse sont nés pour la culture, et non pour être verriers. »

---

1. Pierre Derel était « bourgeois de Paris ». Il y avait une verrerie à Wildenstein dans la vallée de Saint-Amarin, à une dizaine de kilomètres de la Bresse ; les habitants de la Bresse connaissaient donc bien cette industrie.

NOTES ET ÉCLAIRCISSEMENTS

I

Je dois faire remarquer les différences très grandes existant entre le mode d'élection des maire, doyen, jurés, lieutenant, tel que je l'ai indiqué et reproduit, et les divers récits et descriptions qui en ont été faits avant ce travail :

Je suis certain de la rigoureuse vérité de ce que j'ai écrit, parce que je me *suis servi exclusivement de l'original même de la coutume de La Bresse*. Jusqu'en 1595, la coutume s'était conservée par la mémoire des hommes ; sur l'ordre du duc Charles III, elle fut mise en écrit dans cette même année ; c'est cette pièce qui se trouve aux archives de La Bresse, dont je me suis servi et qui a été reproduite par M. Duhamel, archiviste du département des Vosges, en 1868, dans le tome Ier des *Documents rares ou inédits de l'histoire des Vosges* et dans l'*Inventaire sommaire des archives de La Bresse*, en 1870. Cette coutume, transcrite pour la première fois, en 1595, a été approuvée en 1603 par Charles III et successivement par divers ducs de Lorraine. Avant la publication de *l'original de cette coutume*, il y en avait eu d'autres ; une en 1754, entre autres ; c'est celle-là dont se sont servis MM. Lepage et Charton (*Statistique du département des Vosges* ; mot : La Bresse) ; elle n'est pas conforme à l'original.

II

Déclaration des maire et jurés de La Bresse, par laquelle ils reconnaissent tous les droits, cens, rentes, redevances,... qui composent le domaine de S. A. R. audit La Bresse.

Il est dû au domaine de S. A. une somme de 266 fr. 6 gros qui se paie annuellement. Cette somme de 266 fr. 6 gros était le résultat « d'un accommodement » entre la commune et les fermiers : les habitants payaient plusieurs « petits cens et redevances appelés *Barizels,* tant en argent qu'en beurre, huile et autres denrées, ce qui embarrassait les fermiers ; pour y remédier, les habitants ont consenti avec les fermiers, une redevance fixe et annuelle de 266 fr. 6 gros. »

Il est dû un veau de lait, chaque Vendredi-Saint ;

Il y a 38 places de maisons appelées *bennevises,* qui doivent alternativement par année une poule, et l'autre année deux blancs.

Au sujet de ces maisons *bennevises,* je trouve dans la coutume le passage suivant : « ..... Et sont les maisons *non trèsfoncières,* c'est-à-dire qui ne sont pas basties de murailles (hors mises celles qui communément sont dictes *Bennevises*) censées tenues et *réputées meubles,* non les dicts Bennevises de quelz matériaulx et estoffes elles soient basties..... »

Ces 38 places de maisons bennevises rapportaient au souverain tous les ans, 19 poules et 19 pièces de deux blancs, que le maire doit lever à la Saint-Martin.

Les moulins et scieries doivent trois gros par année ; les étangs deux gros ;

Toutes les amendes appartiennent à S. A. ;

Les taverniers doivent chacun 10 francs par an ;

Les habitants « qui meurent sans hoirs sont mainmortables de leurs meubles à S. A. ». Ainsi une *maison trèsfoncière* était considérée comme meuble et dans ce cas faisait retour au souverain.

Tout étranger qui voudra résider à La Bresse « d'après bons témoignages, paie un droit d'entrée de 60 francs, dont moitié à S. A. et moitié à la commune ».

S'il est allié à « une fille de La Bresse du gré des père et mère, tuteurs ou autres parents », il ne paie que 40 francs ; si, au contraire, le mariage a eu lieu contre le gré de la famille, il paiera 100 francs.

En sus de tout ce qui vient d'être dit, la commune de La Bresse avait à payer une subvention ordinaire, ponts et chaussées et autres impositions ; de ce chef, on payait en 1689 : 2,541 fr. ; en 1714 : 2,210 fr. ; en 1737 : 3,703 fr. ; en 1753 : 4,564 fr. ; en 1765 : 4,473 fr. ; en 1776 : 6,016 fr.

Les recettes et dépenses communales donnaient les totaux suivants : 1779, recettes : 20,049 fr., dépenses : 3,143 fr. ; 1783, recettes : 2,482 fr., dépenses : 2,456 fr. ; 1789, recettes : 3,778 fr., dépenses : 4080 fr.....

(Archives de la Bresse. — CC. 1, CC. 3.)

III

« Supplique du maire et habitants de La Bresse à S. A. R. disant que les fermiers du domaine d'Arches, par une nouveauté inouïe, veulent les obliger à payer les impôts des marchandises et denrées qu'ils transportent en Allemagne (Alsace) et au comté de Bourgogne, quoique de temps immémorial les receveurs ou fermiers dudit Arches n'aient eu aucune prétention semblable ; qu'eux dits de La Bresse, n'ont jamais payé aucun impôt pour marchandises vendues et transportées en pays étrangers, qu'ils paient seulement pour celles qui se débitent en leur pays..... » (1663.)

« Sébastien Abel, demeurant à La Bresse, à lui joints les habitants du lieu, disant qu'ils sont en possession de temps immémorial d'aller quérir des vins en Allemagne (Alsace) par le val de Munster sans passer par la prévôté de Bruyères, ni payer pour ce sujet aucun droit en la prévôté dudit Bruyères, payant seulement à La Bresse le frédaulx; les fermiers et contrôleur de Bruyères veulent faire payer le susdit Abel pour le vin qu'il est allé chercher en Allemagne, bien qu'il n'ait pas passé par la prévôté de Bruyères, ni d'Arches, ils demandent à être déchargés de ce droit de passage qui leur est injustement réclamé.... » (1665.) Ce qui leur fut accordé.

(*Archives de la Bresse. — CC. 11.*)

Nancy. — Imprimerie Berger-Levrault et Cⁱᵉ.